科学天下 科学之美

龙图腾

—— 力量的崇拜之源 ——

A LITTLE HISTORY OF DRAGONS

The Essential Guide to Fire-Breathing Winged Serpents

[美]乔伊斯·哈格里弗/著 张 慧/译

湖南科学技术出版社

First published 2006 AD

Published by Wooden Books Ltd.
8A Market Place, Glastonbury, Somerset

British Library Cataloguing in Publication Data
Hargreaves, J.
A Little History of Dragons

A CIP catalogue record for this book is
available from the British Library

ISBN 1 904263 48 8

Printed and bound in Shanghai, China
by Shanghai iPrinting Co., Ltd.
100% recycled papers.

A LITTLE HISTORY OF

DRAGONS

by

Joyce Hargreaves

“角似鹿，头似驼，眼似鬼，项似蛇，蝮似蜃，鳞似鲤，爪似鹰，掌似虎，耳似牛。”

王符，汉代，形容龙的九种特征

目　录 CONTENTS

001 / 前言

002 / 什么是龙

004 / 提亚玛特

006 / 世界之树中的龙

008 / 女神的标志

010 / 那迦

012 / 中国与日本的龙

014 / 风水与青龙

016 / 美洲的龙

018 / 九头蛇

020 / 天龙座

022 / 火龙

024 / 堤丰

026 / 莉莉丝

028 / 鳞虫

030 / 双足飞龙

032 / 法国双足飞龙

034 / 蜥怪

036 / 双头蛇

038 / 神圣的屠龙者

040 / 纹章学与战龙

042 / 炼金术中的龙

044 / 蛇的力量

046 / 龙线

048 / 彩虹蛇

050 / 彼处，彼时

052 / 地球巨龙

054 / 部分与龙相关的地名索引

064 / 附录—中国龙

前 言

龙是一种人类幻想世界中最为神秘、复杂和具有争议性的动物。尽管在过去的4000年中，这种蛇形生物从未被人们在现实中所见，但它却是神话故事以及旅者传说中经久不衰的主题。并且在整个人类文明与历史中，无论是原始时代、古代、中世纪还是在遥远的东方，龙的形象总是频繁地出现在宗教、炼金术、家族纹章以及药学等领域里。

起初龙被视为是地球上众多力量的一种象征，包括各种好的力量和坏的力量。当与水联系在一起时，它既可以代表土地的肥沃，也可以化身洪水或者旱灾的传令官。它还是地球内部热力的一种象征，比如在大地女神之子——堤丰的神话里，堤丰的形象就是一条喷着火焰的巨龙，代表了火山的威力。

今天，众多与龙的传说有关的地方，如高山、洞穴、小丘、湖泊都与前基督教时期的宗教紧密相连，对龙的描述刻画却经常出现于它们原本最不应出现的地方，比如基督教的教堂中。

出现在很多的教堂绘画中的异教龙的形象，往往口中伸出植物枝条的嫩芽，代表着肥沃与丰产。也许，对于屠龙者而言，他们自己也是异教的一部分，是绿人或是其他丰收之神的后裔，他们用长矛刺死龙，从而释放龙身上丰产繁育的力量。

这本小书或许不能解开你对龙的所有疑问，但是我希望能为你带来一些与龙相关的有趣知识和理念。

WHAT IS A DRAGON

什么是龙

蛇是关键

早期的自然学者认为，龙是真实存在的。很多外国的地图上曾经标注着诸如“此处有龙”的字样，通常这种区域都是当时还未探索开发的荒凉之地。在17世纪，爱德华·托普赛尔所著的《四足猛兽史》一书中，龙被描述为一种像蜥蜴以及蛇一般的爬行动物。今天，人们的足迹已经可以遍布世界的每个角落，我们几乎可以十分确定地说，至少从视觉能及的层面而言，龙在这个世界上是不存在的。

现代人对龙的描述通常都是有四条腿，蛇一般长长的身体，钩状的尾巴，锐利的脑袋，蝙蝠的双翅，锋利的爪牙，并且口中喷火。然而，更早期的描述刻画中，龙与蛇的形象几乎是完全相同的。

“达拉肯”与“达拉科”两词在希腊以及罗马帝国的历史中一直被用来描述巨蛇，今天“龙”一词就是直接来源于这两个名字。达拉肯不仅表示巨蛇，还表示会飞行的生物（尽管如同中国的龙一样，这种龙具有神秘的力量，没有翅膀也能高飞），古代及早期的文本中无足的蛇与龙之间区别甚微。

上图：《四足猛兽史》一书中带双翼的龙与蛇

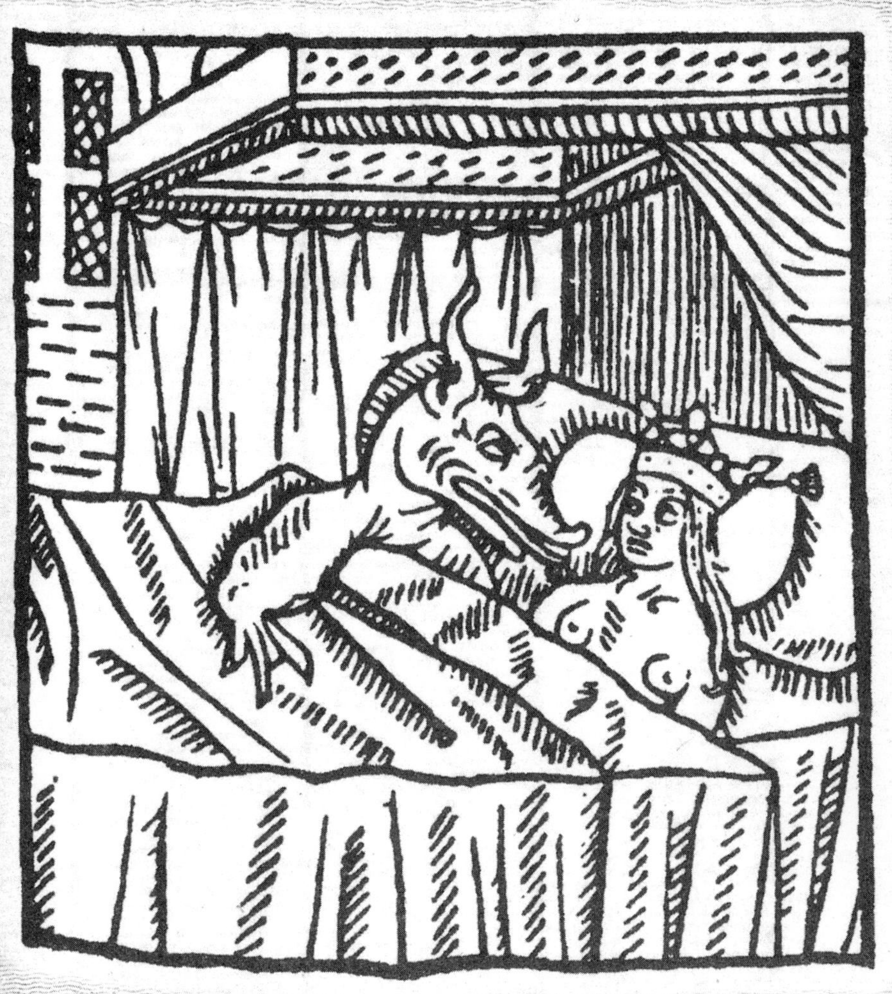

上图：这种动物身上神奇的力量和勇气或许就是亚历山大大帝被称为龙之子的原因

提亚玛特

TIAMAT

最初的龙

出土于伊拉克古城尼尼微的七块石板上记叙了以长诗形式出现的创世史诗《埃努玛·埃利什》(古巴比伦的创世纪史诗)，其铭文可追溯至公元前2000年，经过修复翻译之后，母龙提亚玛特的故事呈现于世人眼前。

石板铭文讲述了一个这样的故事：创世伊始天地混沌未辟之际，只有两位原始神存在，一位是阿普苏，淡水之神；另一位是提亚玛特，咸水与混乱之神，它被描绘成是一条具有蛇身、犄角和长尾的母龙。在故事中，提亚玛特诞下众神，由于他们的父亲阿普苏想毁灭他们，因此他们合力杀死了他。此等弑父之举使得提亚玛特怒不可遏，她向自己的亲生骨肉开战，并孵化出十一头怪物助她取胜，分别是毒蛇、鲨鱼、蝎人、风暴魔鬼、巨狮、龙、疯狗及其他四只无名怪兽。

上图：马尔杜克与龙

战神马尔杜克接受与提亚玛特的战斗，他带着弓箭、闪电和四方之风编成的网向敌人发起进攻，经过一番殊死搏斗之后，马尔杜克成功地将提亚玛特囿于网中，他将毒风吹进她的嘴巴使她变得脆弱，并最终毁灭了她，将其身体一分为二，上一半为天，下一半为地，造就了巴比伦世界的秩序。

因此，提亚玛特代表了最初的混沌，水源与黑暗。

上图：巴比伦传统神话与埃及神话相结合的提亚玛特以及战斗中的马尔杜克（根据公元前2000年的设计绘制而成）

下图：提亚玛特的头颅以及蝎人，绘制于巴比伦的一块界石上

YGGDRASIL'S DRAGONS

世界之树中的龙

与世界之树

在古代北欧神话中，在“变化莫测的世界中一个静止的地方”耸立着一棵巨大的白蜡树，又称宇宙生命之树，它支撑着整个宇宙。它巨大的枝干遍及整个世界的上方并延伸入天空，而在其底部三条巨根直入地下三重世界，其中一条盘根错节直达冰霜巨人的住所，另一条深入到诸神议事厅（兀儿德之泉），还有一条探入死亡女神海尔所统治的尼福尔海姆，在海尔的地盘之下盘踞着一条恶龙尼德霍格，这个“恐怖噬啮者”不断啃食树根，试图毁灭整个世界。

如果说尼德霍格是危害这个世界的恶魔，那么还有一条叫米德加德的尘世巨蟒也是威胁宇宙安全的灾殃。这条海底的巨蟒头尾相衔，盘绕着整个世界，激起可怕的波涛。传说中，如果巨蟒张开了衔着尾巴的嘴，那么不幸就会降临世间。

北欧神话中，雷神索尔是一位红首的狂暴勇士，他决定用战无不胜的雷霆之锤毁灭巨蟒。他说服巨人希密尔与他一同捕鱼，索尔用希密尔的一头黑色牝牛血淋淋的头颅当作钓饵，终于成功地钓到猎物。

“我可以十分肯定地告诉你：没有人会看到比此时更加血腥可怕的场景了，索尔瞋目怒视被钓起来的巨蟒，而后者又惊又怒，猛吐着毒气，并猛然在水面上腾跃，在海上掀起阵阵怪风猛浪，使得船在水面不停地震颤，而在旁观看的希密尔吓得瑟缩发抖，脸色苍白。正当索尔将雷神之槌举过头顶想要掷向米德加德之时，希密尔却吓得连忙抽刀把钓竿砍断，巨蟒再次跌回深海。”斯诺里·斯图鲁松（1178~1241）

索尔对此次失败懊恼不已，一气之下，用雷霆之锤将希密尔打入了海中。最终，在善恶大决战中，索尔与巨蟒这两个宿敌同归于尽，这就是所谓的“诸神末日”。

上图：世界之树与盘绕世界的尘世巨蟒。《北欧古物》1847年，卷首插画

THE SIGN OF THE GODDESS

女神的标志

她是一条古老的龙

很久很久之前，西方人就将狭义上的大地女神以及广义上的女性与龙联系起来。在早期的地中海文化艺术中，母性女神的出现往往都与蛇为伴。公元前4000年苏美尔人所居住的一个位于两河流域的山谷，出土了一个密封圆筒，上面展示了女神和矗立在她右侧的一棵生命之树，她的后方则是一条象征着赋予生命力量的蛇龙。

在佩拉斯吉人(史前居住在希腊及小亚细亚一带的人）的创世传说中，海洋女神欧律诺墨创造了蛇形神祇俄菲翁并与之结合。很快，欧律诺墨便珠胎暗结并诞下“宇宙之卵”，俄菲翁盘绕在卵上，直到它裂为两半，诞生万物：煌煌如日月，渺渺如蝼蚁，莫不出自其中。之后，俄菲翁变得愈发傲慢自大，甚至吹嘘说自己才是创造一切的神。这深深触怒了欧律诺墨，于是女神用自己的鞋跟对着俄菲翁的头部重重一击，打掉了他的牙齿，最后将他抛入了大地之下幽深的洞穴。

埃及的象形文字中，“女神”一词就是用眼镜蛇的样子来表达，并且在埃及神话中奈斯女神也被刻画成一条金色的眼镜蛇形象。之后，在克里特岛的米诺斯神殿中女神小雕像也呈手持蝰蛇的造型，像伟大的女神一样，它们也具有制造恐惧和扭转生死的力量。

上图：被龙守护的神庙女祭司

THE NAGA 那迦

随波逐流

在印度神话中，那迦是一位半人半神的蛇形女神，她的名声远播整个东南亚。传说那迦王目支邻陀曾经以身庇护冥思悟道的佛祖免受暴风雨侵袭。在另一则传说中，一位古代柬埔寨的国王与蛇身的那迦公主在太平洋的国度成婚，而今人都是他们的后裔。

那迦与纳吉尼（雌性那迦）通常被以以下三种方式描述：一说他们完全是蛇；一说在人头下方，蛇身从颈背处生出；还有一说他们是半人半蛇。他们的属性也是动物性、人性与神性的三结合。据说他们居住在温泉、湖泊、河流边，控制洪水与干旱，掌管着水源、云雨与丰饶。

马来西亚人将那迦分成了四类：神圣那迦可以制造云雨；尘世那迦负责保障大地上的水道畅通，大川奔流；隐藏那迦保卫着世界上的各种财富珍宝；守护那迦拱卫圣域之门和大小神祇的神庙。守护那迦常被描述成人头蛇身的形象，它们的身体盘绕如迷宫一般，保卫中央的那颗代表着神性智慧的圣珠。

伏羲氏是中国第三纪元的统治者（公元前2852~公元前2738），他和他的伴侣女娲据称都是那迦，他们通常被描绘成蛇尾四重盘绕在一起的样子。

左图：伏羲持矩，女娲持规，共同从混沌中创造了世间准则
右图：印度冈瓦纳一处那迦石头浮雕

CHINESE & JAPANESE DRAGONS

中国与日本的龙

龙的宇宙学

古代的中国作家描述了四种龙：天龙（天上的龙），它们守卫着天神的居所；府藏龙（秘宝之龙），它们守护大地之下的秘密宝藏；受欢迎的神龙（龙王），掌管风雨，描绘着五趾神龙图案的衣饰只有帝王才能穿戴；还有著名的地龙（大地之龙），它们的力量可以控制江河溪流。

中国的龙主要有九类，包括：应龙（有翅膀的龙），角龙（有角的龙），蟠龙（盘曲环绕的龙），黄龙（黄色的龙）及其他种类（见第64页附录）。除此之外还有九种幼龙，常被作为图案装饰在中式建筑上。数字九在中国文化中有幸运的寓意。龙有九似（头似牛，角似鹿，眼似虾，耳似象，项似蛇，腹似蜃，鳞似鱼，爪似凤，掌似虎），周身有117片鳞片，81片属阳（$3^2 \times 3^2$）、36片属阴（$3^2 \times 2^2$）。中国的龙都与阳性的力量紧密联系在一起（凤凰则与阴性力量相关）。

中国与韩国的帝王之龙通常每足都有五趾，其他的龙都只有四趾。然而印尼与日本的龙则有三趾，可能这沿袭了中国早期汉族的三爪画风。

日本有体型较大但无双翅的龙，也有体型较小但双翼巨大的龙。在日本的文化艺术中，龙一直都是神秘的，从来不会将形态完全展示出来，总是若隐若现，尤其是隐藏在翻滚的云雾波涛之中。

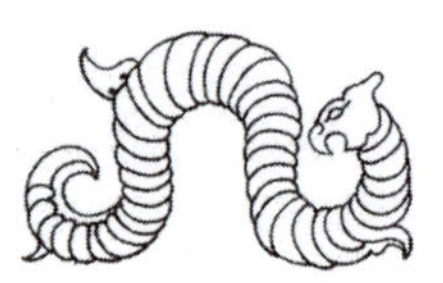

i

i.翡翠龙饰，鲤鱼龙，以及罐子上的龙饰

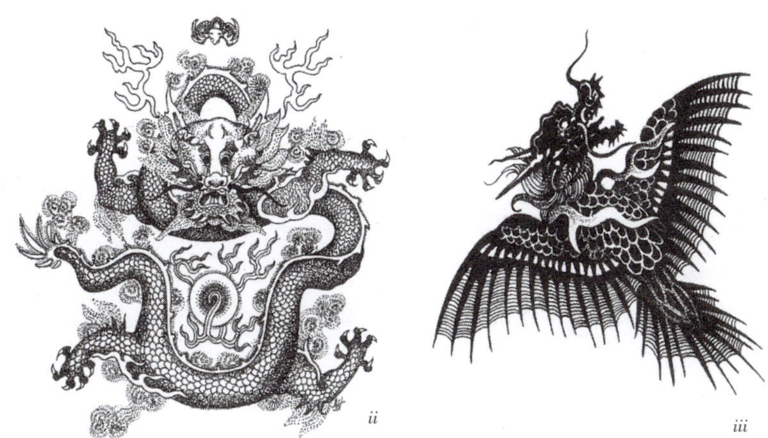

*ii.*龙　*iii.*Hai Ryio，日本鸟龙

*iv.*神龙　*v.*龙王

FENG SHUI & THE AZURE DRAGONS

风水与青龙

山之脊

风水学在大约2500年前的中国就开始慢慢发展起来。风水学一般被用来为建筑设施选择吉祥的地址以及造型，通常要去寻找一个平衡大地生命灵气或称宇宙呼吸（汉语称为“气”）的地方。景观地形学涉及的山川、水道、溪谷皆由风水组成，而反过来，这些地形也影响着当地的风水的流动。

风水中包括了中国的四大神兽：象征山脉的北方之神玄武；象征广阔视野、阳光及水源的南方之神朱雀；最重要的东方之神青龙就像一条巨大的脊柱掌管着突兀的岩石；西方之神白虎则代表低缓光滑的岩石。

青龙雄性属阳，因此山脉、大块的岩石、陡峭的瀑布、古木皆属阳。白虎雌性属阴，掌管着低缓的平地、溪谷及湿地。风水师会研究大地的隆起部位、山脉、溪谷，并找到阴阳平衡和谐的吉祥之地。

最佳选址，或者说龙头的位置，宜选山侧，山势东向而起，东南或东北皆可；山之一面宜陡宜险，另一面向南至山谷，徐徐而落。总而言之，最佳的选址通常能够看到波光粼粼的溪水或是缓慢绵延的河流，代表青龙的山脉矗立在左侧支撑着基业。好运和繁荣往往随之而来。同时注意，要避开任何直指的死路，风水认为死路气不通畅，会形成大凶的“杀气”，这与自然流动的龙之气息也是相悖的。

上图：一面陡三面缓的高山上盘旋着一条青龙
下图：青龙无翼但可高飞，此图展示了中国唯一有翼的龙——应龙

DRAGONS OF THE AMERICAS

美洲的龙

闪电蛇与其他珍稀动物

北美印第安人的龙在外形上比欧洲人的龙更像蛇。它们有着跟蛇十分相似的身体，头上总会有一两个角或者生出奇珍异宝。这些蛇体形庞大，具有非凡的力量，和中国的龙类似，大多居住在江河湖泊中，制造风暴与雷电，被看作是水神。

从南部的墨西哥到北部的阿拉斯加，在很多的北美传说中，闪电划过的痕迹标志着闪电蛇忽闪而过，在暴风雨中，各种带羽毛的爬行动物（希尤斯、海特里克或海狼）也会爬出河面。印第安人会戴着绘有这些动物的面具参加宗教舞蹈，它们都象征着与雷电雨水有关的肥沃丰产。

羽蛇神还广泛出现在古代的南美传说中，阿兹特克的主神魁扎尔科亚特尔（魁扎尔鸟蛇）被玛雅人奉为羽蛇神，同样3000年前的奥尔梅克人也有同样的信仰。当充满魔力的晨星、金星升起时，魁扎尔科亚特尔就会从蛰伏于大地的羽蛇神口中出现。他是历法的制定者，同时和中国的黄龙类似，他也被喻为文字书法的创造者。

风水的结合就是蛇与羽翼的结合。

上图：一副手稿中的魁扎尔科亚特尔；1675年在密西西比河附近发现的一块印第安阿尔冈琴岩石上的绘画；加拿大空军442中队的海特里克闪电蛇徽章。

上图左：魁扎尔科亚特尔从蛇的下颌中生出
上图右：海特里克蛇
下图：19世纪宾夕法尼亚的龙，一定程度上受到了欧洲的影响

THE HYDRA 九头蛇

人多智广

神秘的九头蛇代表了水源丰裕的力量。在今天任何难以摧毁的事物都有可能被称为“九头蛇”。出土于叙利亚的一个公元前1400年的密封圆筒，展现了最早的九头蛇形象，上面描绘了象征丰裕的太阳神征服了七头龙拉坦，它代表了流水的无序与混乱。

在希腊神话中，有关赫拉克勒斯与九头蛇搏斗的故事展现了九头蛇重生的神力。九头蛇外形令人心生畏惧，她有一个巨大的狗一般的身体，还有八九个蛇头（其中之一是永生的）。每当赫拉克勒斯砍下其中一个头，怪兽就迅速重新长出两个，后来他点燃附近林地的树制成炽热的火炬灼断九头蛇的头颈，头便无法重生，最后赫拉克勒斯将不死头埋于土中，用大石压住，才算铲除这一祸害。此战似乎可看作对勒拿祈丰仪式之镇压，如同九头蛇那砍之不尽、斫之不竭的头那样，新的女祭司们在河岸神庙出现频仍，直至神庙隳为丘墟。

圣经启示录12.3中也有关于名声显赫的七头蛇的记叙：“我看见一只红色巨兽从海里上来，有十角七头，在七头上戴着七个冠冕。”

上图：左为圣经中的七头蛇；右为公元前1400年一处封印上的七头蛇图案

上图：满赛尔图集中赫拉克勒斯大战九头蛇的蚀刻版画

THE CONSTELLATION DRACO 天龙座

与古代的极星

希腊语中的“达拉肯”来源于一个动词，意为“看”或“注视”，而龙一直是智慧与宝藏的看守者。希腊神话中，天后赫拉拥有一个金苹果园，巨龙拉冬就守卫着树上的苹果。拉冬为大地之母所孕，有100个头，200双锐利的眼睛，可谓是守卫者的不二人选。然而，尽管如此，它依旧被赫拉克勒斯射中并偷得金苹果。为了纪念这一壮举，赫拉克勒斯将这条龙的样子刻在了自己的盾牌上，诗人荷马是这样描述的：“这条龙浑身散发着恐怖的气息，在田野上盘旋着，不发出任何声音，但那迸出火花的锐利之眼扫视着每一个角落。”

天后赫拉对于拉冬之死感到伤心不已，于是将死去的拉冬置于夜空，成为天龙座。“德拉科”，著名的红龙，是弥散于天际和黄道北极的一个巨大的星座，它常可见于北方的天空，位置接近武仙座（赫拉克勒斯死后升天而成）。

另一则希腊神话则讲述了一个完全不同的故事——那时，宙斯与众追随者在奥林匹斯山上与早期的神进行较量，在争斗中，新神将旧神逐出了神山，象征混乱的德拉科被视为旧神而被雅典娜掷入了天空的深处。她将德拉科的身体拧成了一个圆形的结和北极紧密缠绕在一起，围绕着北方天空那缓慢移动的轴心日复一日地旋转着，直至今日。实际上，紫微右垣（天龙座a），德拉科尾尖的第三颗星就是北极星，在公元前2700年，巨石阵及古埃及的时代，这颗星就处于天空的中心位置。

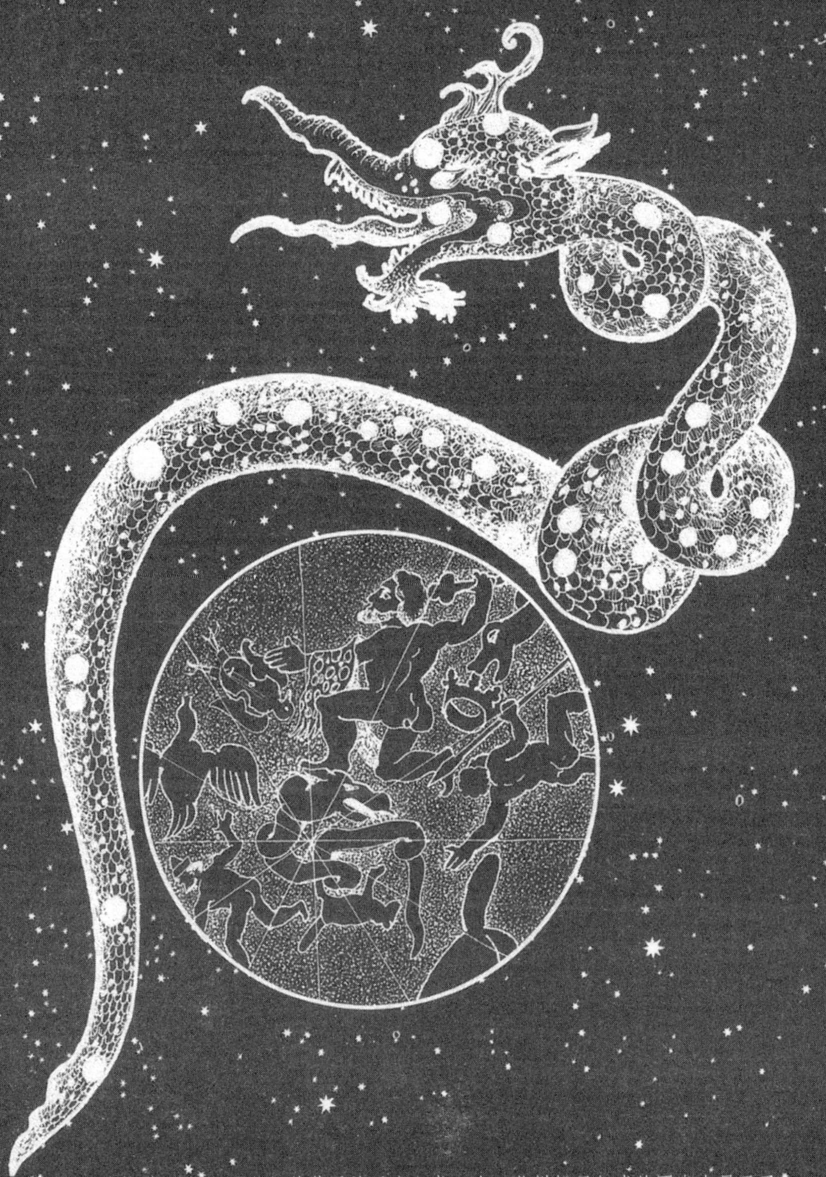

上图：德拉科，绘于12世纪苏菲派的星座之书，由一些拱极星组成的圆盘上展示了赫拉克勒斯踩在德拉科头上挥舞巨棒的情景

THE FIREDRAKE
火龙
流星与龙洞

很久以来天上的彗星、流星（陨石）、闪电以及极光都曾在大地上留下让人惊叹的痕迹，而历史的文献记载中往往都将其与龙联系在一起。其中就包括了飞蜥（即火龙）这一超凡事件，这是一则被中世纪气象学者所记录的天象事件。盎格鲁-撒克逊的编年史曾这样记载："……随着猛烈的旋风、闪电和风暴，炽热的火龙飞越天际。"

熠熠闪光的头部联结着一个长而亮的彗尾让彗星看起来很像一条龙，尽管一些人认为彗星只是由低层大气中的水汽凝结而成。1571年，威廉·富尔克曾说："吾意度之，其为飞龙，开口吐纳，非烟即雾，栩栩然若生，凡夫如吾等，惧不敢以目注之矣。"

牛津英语大词典将"火龙"一词与流星相关联，在苏格兰，人们通常将出现在天上的奇异光束也称为火龙。在北欧神话中，火龙是一种穴居龙，看守着积累在墓穴中的金银财宝，因此它们被看作是亡者的魂灵，后来它们也成了凌驾于死亡之上的胜利者的象征。

在北欧沃尔松格传说中，巨人法夫尼尔将自己变成一只火龙并带着他的金子去了一个遥远的洞穴，独自生活。法夫尼尔的兄弟雷金教唆自己年轻的学徒锡格尔德去猎杀这头火龙。这个年轻人踌躇满志，终究完成了这一伟大任务，之后，他煮食了龙心，但是不小心吮吸了一下手指。龙血碰到他的嘴唇时，他就可以听懂鸟语，当得知雷金想要密谋杀死他之后，最终他挥动宝剑砍下了雷金的脑袋。

上图：艺术家阿瑟·拉克汉姆绘于《尼伯龙根指环》中的巨龙法夫尼尔

TYPHON 堤丰

大地毁灭之子

不仅空气与水是自由流动的，火也是不断燃烧跃动的，所有喷火巨龙的祖先毫无疑问都是希腊神话中的神——堤丰。堤丰是大地之母盖亚所生的最后一个儿子，他掌管着幽深的冥府，代表了大地最具毁灭性的力量。堤丰大腿以下的部分由盘绕的毒蛇组成，他的双翼遮天蔽日，头顶直触星辰，样子十分可怕。赫西奥德是这样描述他的：

“……他的肩膀上生出一百个蛇头，这些可怕的蛇头不时吐着肮脏的舌头，火焰在眉下的眼中不时跳跃着，随着目光的转动在他的头上不停燃烧。”

宙斯后来发起了一场与这头怪兽之间艰苦卓绝的战斗，最终他将堤丰赶到了西西里岛，并将其镇压在埃特纳火山之下。时至今日，他的怒火依旧不断从火山口喷涌而出，吐出燃烧的岩石与蠕虫，这些火热的熔岩塑造了世界的形态。

堤丰还掌管着四种元素中的风元素，他掌控下的风呈危险的炽热形态，热风盘旋交织形成了我们至今仍称为“台风”的热带气旋，而台风一词也为波斯人及阿拉伯人所借用。

THE DRACONIOPIDES

莉莉丝

与亚当的第一个妻子

当一种新的宗教征服了旧时的信仰，旧的传统与旧时的神祇要么融入新的宗教体系中，要么就被新教所妖魔化。在犹太教与基督教的时代，龙也免不了遭此待遇。基督教用基督的形象对古埃及的阴司之神及希腊神话中的酒神进行了形象重塑，而古时长角的丰饶之神则被丑化成了头生犄角、足生兽蹄的恶魔撒旦，曾经象征智慧、顺调与丰饶的龙也成了代表消极和毁灭力量的使者。

圣经伊始，毒蛇莉莉丝便出现在伊甸园诱惑夏娃偷食了禁果。在一本希伯来的文献中有这样的字句提醒了我们，“……因为在夏娃之前是莉莉丝”。在其他一些地方莉莉丝被认为是亚当的第一任妻子，由于拒绝躺在亚当身下（并拒绝服从他），亚当抛弃了她并在伊甸园与夏娃结合，因此莉莉丝就向亚当的妻子展开了复仇。她还以深夜幽灵——新生儿仇敌的形象出现，完全与善良慈爱的母亲形象相悖。所以，莉莉丝可能是对犹太教之前脆弱神祇形象的一种扭曲。

有趣的是，后来的罗马人将古埃及母性丰饶女神伊西丝描述成人头蛇身，这一传统一直持续到中世纪，而此时莉莉丝被刻画成盘绕在智慧树上的样子，有着一个美女的头及长长的蛇身，诱惑着夏娃偷食禁果。这种人首蛇身，类似美人鱼的生物被称为draconiopides（莉莉丝）。

上图：伊甸园中的莉莉丝，绘于乌尔姆教堂的彩色玻璃上

THE WORM 鳞虫

我们共同的祖先

在北欧，具有蛇的外形却没有翅膀或腿的龙一般被称为“虫”或“鳞虫”，这个词来源于北欧语的“ormr”，意为“龙”。作为停滞力和阻塞力的象征，这种鳞虫本身几无可取之处。它被描述成蛇身长角，有一个像爬行动物或者像马一般的头，一般居住在潮湿的地方，如湖、井、海、沼等，有些时候也盘旋于圆形小山坡上。

在大不列颠，有关鳞虫的文献非常多。索美列斯特的夏夫奇森林里居住着格尔特·沃恩（Gurt Vurm），苏格兰佩特普顿附近的皮克特部落有一块破碎的十字架基底，名叫马丁之石，上面刻画了一条巨蛇卧在一条曲折线上，传说中正是在这里，一个名叫马丁的人猎杀了这条大虫般的龙。

诺森伯兰（中世纪英国北方的王国）鳞虫与兰伯顿的传说则讲述了这样一个故事，兰伯顿的继承人在捕鱼的时候抓住了一条丑陋的鳞虫，于是将其扔进了井里，在那里它不断生长，直到长成气候，危害万物。为了弥补自己所犯下的错误，这位继承人穿着一件镶满刀子的盔甲，站在河中的石头上。当鳞虫想要缠住他时，它的身体被刀子割成了碎片，并被滔滔河水卷走，这样就防止了它的重生。

上图：1875年小册子封面的图画，此书记叙了著名的鳞虫与兰伯顿传说

THE WYVERN 双足飞龙

未完全成形的龙

早期的龙通常都是蛇的造型，双足飞龙则是介于鳞虫与完全发育的四足龙之间。在中国人、托尔特克人和皮克特人的传说中也有与之相类的生物存在，它们很有可能是作为外形模式，被用来改变那些看上去活力匮乏的蛇类的外形。当描述一个无畏英雄或圣人与龙的交战时，蛇的造型看起来比较平淡或者说不是那么可怕，因此它的形象就需要一种转变，要在与勇武的英雄进行对决时，变得更加具有进攻性与威胁性，用现代的说法就是，旧时的龙需要来个改头换面。

在公元11世纪到12世纪期间，蛇形鳞虫的外形变化可见于一些雕塑艺术与画稿中。它们慢慢变成了一种更加凶猛的怪兽，有着蝙蝠一般的双翅，锋利可怕的脑袋，还生出两只脚，被称为双足飞龙（wyvern）。该词来源于法语中的“wivere”，意为“毒蛇”与“生命”。这个新名字使人想起了龙身上那种充满生命力的流动的力量。但是在欧洲，意思却发生反转，龙成了危险凶猛的肉食者，夺取生命而不给予生命。在一些情况下，双足飞龙甚至都不需要直接去抓猎物，因为它拥有凌驾于其他一切生灵之上的可怕魔力，任何生物只要看一眼双足飞龙那熠熠发光的绿宝石般的双眼，就会被催眠然后被诱入它贪婪的口中。

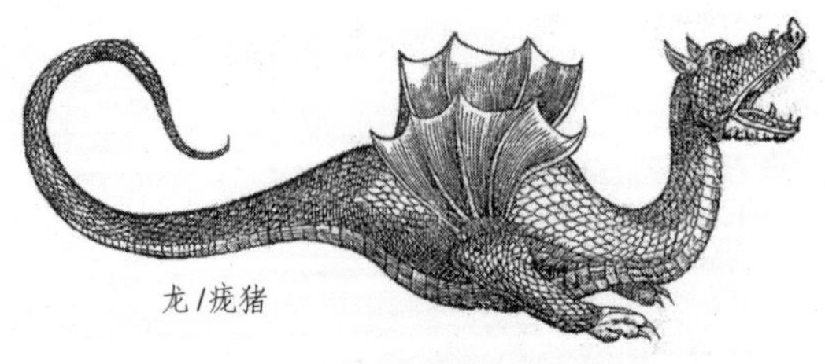

龙/疣猪

上图：1150年双足飞龙的图画，以及其他一些例子

LA WOUIVRE

法国双足飞龙

身形扭曲的场所之灵

法国有一种善良的双足飞龙叫做wouivre，通常被描述为拥有一个丰满上身的女人，其双目之间嵌着红宝石，或者双目就是红宝石，她可以以此为向导，行走于冥府。在另一些传说中，这种宝贵的双眼是悬于她们额头正前方的一个闪亮球体。她们沐浴之时会将宝石置于地上，无人守卫，这也是偷取这颗宝石的唯一机会。如果宝石被偷，那么她就会成为抓瞎的蝙蝠一般。

在1387年《鲁兹格南的高贵历史》一书中让·达拉斯讲述了一个古老的美人鱼故事，鲁兹格南女伯爵在故事中变成了永生的wouivre。年复一年，她守护着自己的子嗣，每当有灾难即将发生时，她都会用三声凌厉的尖叫来警告他们。

wouivre一词还被用来指滑行的蛇和这种蛇栖居的河流，还有泥土占卜术中用到的大地电流。就此而言，wouivre还常与地之灵联系在一起，即“场所的灵魂”。她居住在多山地区、废墟，或是被遗弃的大宅中，她还经常穿梭于法国的纳维尔地区，在那里，她的名字会变形为“wivre”。

上图：一幅关于阿瓦隆美人鱼的中世纪木刻版画，图中是有着蓝白长尾的鲁兹格南女伯爵(wouivre)。在每个星期六，她都要背着自己丈夫变成龙的样子。当他丈夫发现了这一切之后，女伯爵隐居到了法国阿尔卑斯山下的一个小村庄中，住在阿波罗-雅典娜之线上

THE BASILISK 蜥怪

与鸡蛇兽

蜥怪是万蛇之王，统领着一些其他的小型爬行动物。在早期的一些图画中，它呈蛇身，头部狭而尖，顶上有三瓣鸡冠状的赘生物，但是在后来的描述中它们开始具有一个更为厚实和臃肿的身体，两条鸟类的腿，而且头上的鸡冠也被皇冠代替。

蜥怪可以喷射出极具毁灭性的剧毒气体，这气体将周遭一切都变成荒漠，蜥怪就住在这荒漠中。它眼中闪出的炽烈目光可以直接将人置于死地，这种致命的目光最终也导致了蜥怪的灭亡，当它对着镜子看到镜中反射的自己的目光时，它便瞬间毙命了。有两种生物是蜥怪的天敌：鼬鼠（可以咬死蜥怪）和小公鸡（鸣叫声可让其痉挛至死）。

据说在公元1世纪的时候，北非的大沙漠上有很多蜥怪（实际上它们是——见第50页内容），旅者经过这片沙漠的时候都要带很多小公鸡在身边作为保护。然而后来又有传说称出现了另一种蜥怪，这种蜥怪有着和公鸡一样的头部。它们最初被称为蜥怪，后来被称为鸡蛇兽。鸡蛇兽生于一种坚硬无比的无壳圆蛋中，这个蛋由七岁的公鸡产于天狼星之下，然后由蟾蜍或蛇在粪堆上孵化。对于中世纪的基督教徒而言，鸡蛇兽代表了原罪、猝死以及魔鬼四恶中的一恶。

Basiliscus. Βασιλίσκοσ. Basilisck.

Of the COCKATRICE.

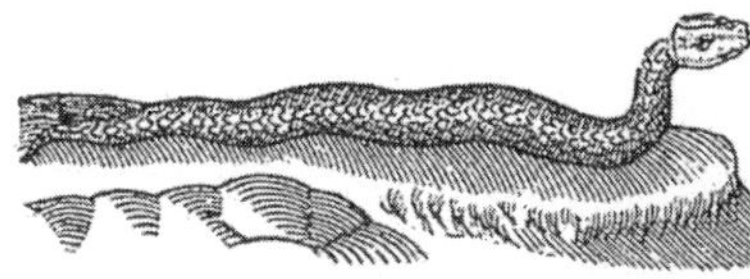

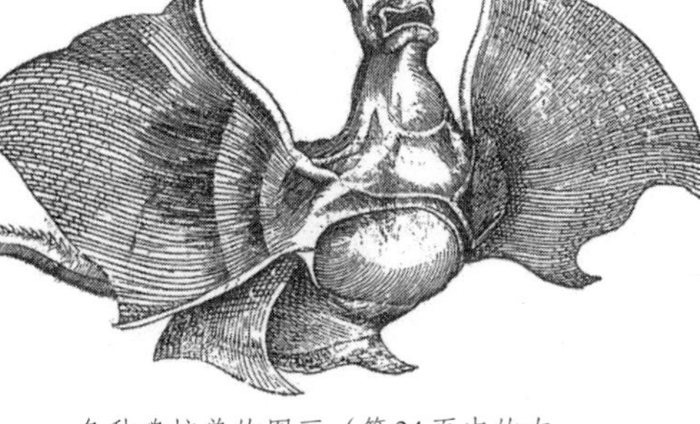

各种鸡蛇兽的图画（第34页中的左图以及本页上面的左图）

蜥怪（第34页中的右图以及本页上图，阿塔纳斯·珂雪绘于17世纪）

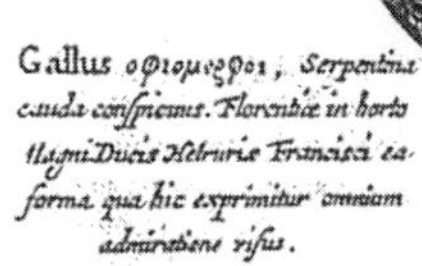
Gallus οφιομοςφοι, Serpentina cauda conspicuus. Florentiæ in horto Magni Ducis Hetruriæ Francisci ea forma qua hic exprimitur omnium admiratione visus.

Basiliscus ein gifftig thier.

THE AMPHISBAENA
双头蛇

左到右或右到左

双头蛇是长有两个脑袋的龙或蛇，通常描述成有着鸟类的爪子，蝙蝠一般锐利的翅膀，在其尾部还有另一个头。据说它两边的毒牙都可以给猎物予以致命的一咬。并且双头蛇很难被杀死：将其砍为两段后，分开的两段又可以重新连接在一起，无论是前进还是后退，其爬行速度都非常快（在希腊语中，它的名字的意思为“两边都可以走”）。1893年，惠蒂埃·约翰·格林里夫在诗作《纽伯里的双头蛇》中写道：

本应是尾巴的地方又生出一个头，
二者共存，自然难以相处。
各尽全身之力，蠕动又蜿蜒，
时而向左，时而又向右。
各施其能，伸展又延伸，
可从不知对方之所在。

据老普林尼所说，活的双头蛇可以为分娩提供保护，而死去的双头蛇则可用来医治风湿疾病，这是一种典型的矛盾状态。

这种具有双重属性的双头怪兽也代表了地球阳性（积极、活跃、阳刚）与阴性（消极、被动、阴柔）的两面，这也是墨丘利神杖所象征的两种力量。在基督教的象征寓意中，毫不令人吃惊的是，双头蛇消极的一面被放大，成为了“敌手”的代名词，这个观念后来与魔鬼也紧密相联，因此英雄、圣人都竞相与其不懈斗争。现代心理学实际将龙阐释为“某种难以战胜的可怕事物”，因此那些战胜了龙的人都成为英雄。

上图：圣米迦勒大战双头蛇，一幅刺绣上的细节图

HOLY DRAGON-SLAYERS 神圣的屠龙者

刺向大地

有关屠龙者的图片往往都展示着一位圣斗士用长矛将龙头刺向大地或者站在龙的血盆大口前镇定自若的样子。这也和传统的以棍插地补充蛇状的大地电流以固定能量流的做法相呼应。

英格兰的守护神，尘世的圣乔治一般总是被等同于其他一些早期的异教神，如掌管丰育的绿精灵或绿色杰克，尤其是凯尔特神祇布里纳斯，他也是一位屠龙者。然而，问题是历史上他在英国的竞争者们没人能像他一样与龙有过联系。

天堂的圣米迦勒是一位大天使，代表着太阳，执掌着治愈的神力，并掌管着高地，调和着有益健康的阳光，取代了古希腊罗马的医神埃斯科拉庇俄斯以及希腊塞拉菲斯的角色，这两位神祇都有一条具有治愈力量的蛇作为其象征。圣经中是这样描述圣米迦勒与龙之间的斗争的："天使长米迦勒带领众天使与龙展开了搏斗……最终龙失败了，并被抛入地狱。"

上图：从左至右为基督教中三位最著名的屠龙圣斗士：圣米迦勒，圣玛格丽特（她让自己被龙吞食，在龙的腹中用十字架将其崩裂为碎片），及圣乔治

上左图：拉斐尔后作品，J. L. 佩蒂特创作于20世纪早期的一幅版画
上右图：杜勒创作的一幅版画，内容为圣米迦勒将龙抛入地狱

HERALDIC AND WAR DRAGONS
纹章学与战龙

红、白、绿色相间的慑人旗帜

纹章学上的龙是最具有艺术特色的纹章学创造物之一，并且至今仍为世人所熟知。这些龙的四足、脖颈和背上都裹覆着鳞片而身体下部的鳞片更大并成块成团。它们的舌头与尾巴通常带刺，而双翼则与蝙蝠的翅膀十分相似。尽管纹章主要源于中世纪，但是将龙的图案用于个人物品则是更早时期就有的现象——杀死提亚玛特的神祇马尔杜克（见第4页），他的徽章上就绘有龙的图案，赫拉克勒斯则将龙雕刻在自己的盾牌上。

关于威尔士国旗有这样一个传说：国王沃尔蒂格恩想在迪纳斯艾默瑞斯修建堡垒，但是只要建起来一点就会马上垮塌，总是不能成功。年轻的梅林通过占卜得知，在地基之下有两条龙在地下湖泊中进行着搏斗，因此导致城墙晃动不稳而倒塌。他的话最终被证明是正确的，后来果真看到了一条红龙和一条白龙在那儿搏斗着，最终红龙获得了胜利。这是一则基于历史的传说，可能那时确实有一场真实的战斗，因为当时的战争习俗是两军交锋之时都要在特定颜色的龙旗之下集合。在这种特殊的情况下，代表不列颠（威尔士）的红龙，打败了代表撒克逊（英格兰）的白龙。绘在白绿底上的红龙称为卡德瓦拉德红龙，后来此旗成为威尔士国旗。

梅林后来成了亚瑟王的顾问，亚瑟王的父亲就是乌瑟·彭德拉岗，他曾因为看见火光巨龙而被认为是他成王的预兆。乌瑟选择了彭德拉岗作为自己的姓（意为龙头），并且他与儿子亚瑟都选择龙作为纹章标识，刻制在武器与头盔上。

左图：一件龙形兵器，来自罗伯特·瓦特里奥所著《罗马军制论》一书中的插图。飘带、旗帜以及护盾上的龙往往都是勇气与胆识的象征，代表了统治者的力量。达拉科风向袋在罗马帝国得到广泛的应用，波斯人与塞西亚人也常将龙绘制在旗帜上。通常被称为“龙骑士”的战士会手持风向袋的支杆，支杆的顶端会刻有一个木制的龙头，以及一个管状的布袋，支杆被举高时，风就会灌入袋中，看起来就像一条翻滚咆哮的龙。以此可以威吓敌方并帮助弓箭手们判断风向与风力。直至今日，仍有一支被称为“龙骑兵”的英国护卫军团

左图：此纹章上的龙并没有贪婪地吞食猎物，相反却象征了来自智慧的开悟。中图：一条著名的日耳曼龙，与威尔士的红龙属于相同种类。出自A.C.福克斯-戴维斯的《纹章学完全指南》一书。右图：另一幅纹章上龙的图案

DRAGONS IN ALCHEMY
炼金术中的龙
与墨丘利的节杖

有关神秘魔幻的炼金术的文学故事中也充斥着龙的身影，故事中龙常起到催生现实和人心理中的“化学反应”的作用，它们以不同的形式登场亮相，以达到各种各样隐秘的目的——“龙自到，自我婚配，又自体受孕”。

炼金术中最出名的龙当属乌洛波洛斯，这条环形的巨龙不断吞噬着自己，我们这本书的封面上所绘的雅致图案正是这条龙，暗示着读者“万物归一”的真谛，象征着宇宙正是毁灭与重生不断往复的轮回。

炼金术中有翼的龙通常代表不稳定的元素，如容器中易挥发的物质；而无翼的龙往往代表稳定的元素，但也有不少炼金术士认为所有的龙都应该代表墨丘利，生命的力量。龙之间有时会有争斗，象征着灵性的混乱，或是未提纯的硫黄（代表灵魂）与水银（代表精神）间的冲突。

双头蛇（第36页）在炼金术中则成为了墨丘利的节杖(下图的左图与右图)，此杖带有双翼，杖上缠绕着两条蛇。这根神杖由赫尔墨斯执有，象征着两种矛盾事物的和谐交织，这也是炼金术士所追求的目标。

在炼金术的寓意中，只有通过屠龙，才能完成原始物质的转变，进而制造月神、白后或是独角兽，创造出大自然的圣洁神性。

上图：太阳神与月神征服未开化的自然

下图：一个被宇宙之灵所缠绕沉睡在墓地中的男人。米歇尔·梅尔《亚特兰大连环画：神秘的化学性质》，1617年

THE SERPENT POWER 蛇的力量

盘绕在一起的爱侣

墨丘利节杖的图案上顺着节杖交织向上攀爬的双蛇形象确实非常古老，在古印度的瑜伽与密宗传统里也随处可见它们的身影。在这里它们似是人类身体的基本蓝图——双蛇从脊柱底部生出，向天空盘旋而上（生出双翼）并产生七个旋转的能量中心，被称为脉轮。

与中国和日本的“气”类似，这种双头蛇象征着一种叫“昆达里尼”的生命力，就像中国的阴和阳，这种力量被认为是包含了两种对立能量的平衡。在印度，宇宙之母夏克提和毁灭净化者湿婆就是这两种对立力量的代表。瑜伽形体和心智修习的核心即是唤醒“昆达里尼”，将其释放出来进而改善个体状态。

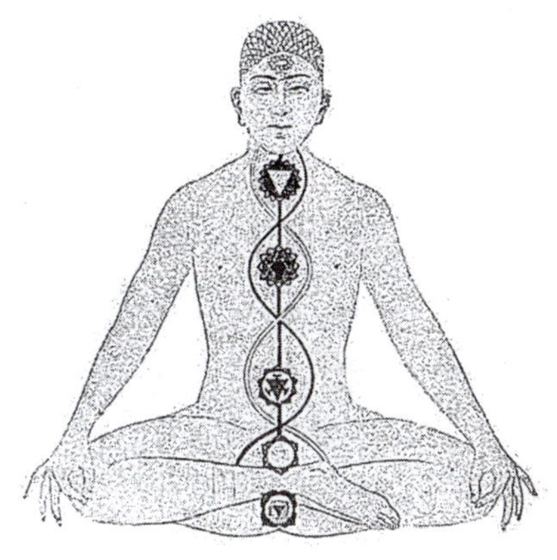

上左图：一枚炼金术符号，展示了神圣的阴阳人与代表着被唤醒的生命力的蛇融为一体，双头蛇的两头从阴阳人站的位置盘旋上升

上右图：古印度的灵性力量的中心或称七脉轮，与现代生物学中的人体的七个内分泌腺体一一对应。只有当生命力得到释放时，才能唤醒七脉轮

下图：根据传统的密宗瑜伽理论，昆达里尼在基底脉轮的后部如蛇般盘绕髋骨三圈有半，当被唤醒之时，这股如蛇般的能量循脊柱直上，如同变形的平衡阴（夏克提）和阳（湿婆）的墨丘利权杖一般，使个体能够真正地和宇宙万物合而为一

DRAGON LINES

龙线

圣米迦勒将其钉入大地

“莱伊”或“莱伊线”一词指的是一组连接起来成直线的古代遗迹，如耸立的石头、山间要塞、圣泉、古教堂或葬丘等，这些遗迹根据日月星辰的方位，当地的或是国家的特征而相连在一起。

英格兰最长的莱伊线是圣米迦勒线，或曰龙线，这条线沿五朔日出线，起自康沃尔西端，直穿圣米迦勒山、格拉斯顿堡、埃夫伯里和圣埃德蒙兹伯里。除此之外，探矿者们也探测到两条巨大的蛇状的“能量流”横穿这条直线，其一为阳，流动于高地之上，通常穿越那些崇奉圣米迦勒的教堂；其二属阴，穿行在低洼之处，如井和泉，以及崇奉圣玛丽和屠龙圣玛格丽特的教堂。

与之相似还有一条直线，横跨欧洲的众多古代遗址，这条线上的建筑物在建筑风格上常体现出排列成线的特点。两条可探测到的能量流起初穿越米迦勒和玛丽遗迹，但在希腊境内则演变为阿波罗和雅典娜遗址。

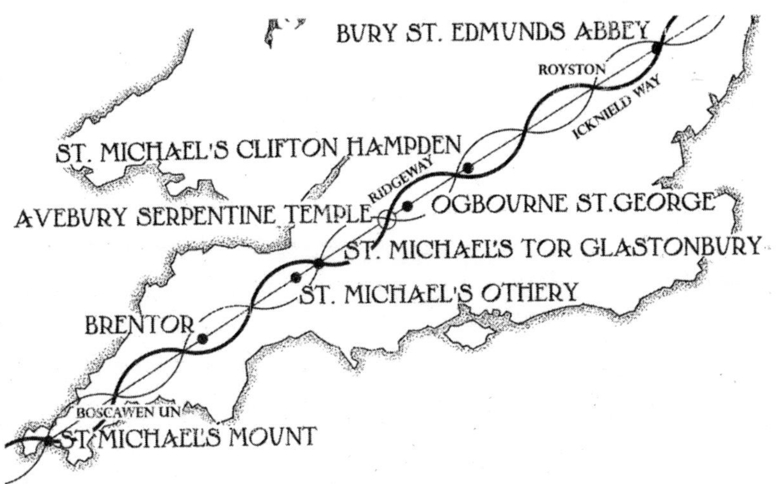

上图：英格兰的“米迦勒线”横跨其国土东西两端，其两胁则是一对蛇形的能量线，穿越众多的古代遗址

下图：阿波罗-雅典娜线，同样具有一阴一阳两条能量流，起自爱尔兰，分别穿越米迦勒和玛丽的遗址，但在希腊境内则是穿越阿波罗神庙和雅典娜神庙

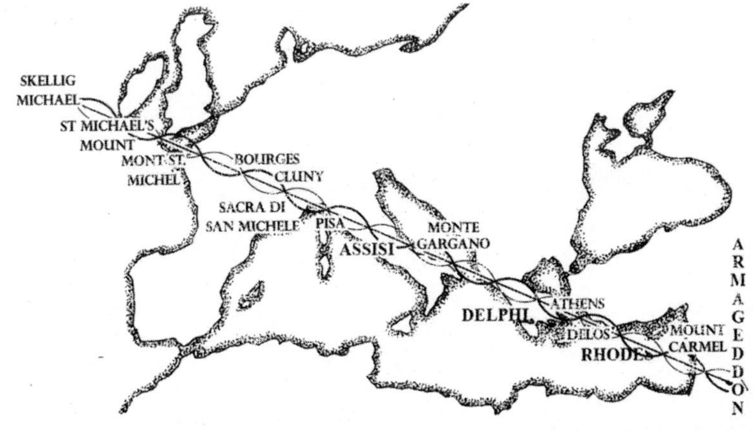

THE RAINBOW SERPENT
彩虹蛇
穿行于大地景观之中

景观中的龙线或蛇线的这一概念最早出现在非洲与澳洲土著的艺术与神话传说中。在非洲西部与中部，单布哈拉（阳性神蛇）与艾达羽朵（阴性彩虹蛇）这一对蛇是智慧的化身，而在澳洲，如同许多其他的古代文明一样，其早期传说全部关乎一种类似的爬行生物。

土著的传说始于遥远的梦幻时光，在那个时候，世间尚无树木山峰，飞禽走兽，大地之上，了无生气。悸动而醒的彩虹蛇动身前去寻找自己的部族，在蜿蜒前进的途中，它的身体在大地上留下了种种痕迹，形成了峡谷、山脉、溪流、大河与小山，毁灭所遇之物的同时也塑造着世界的面貌。终于，创世之艰使其不堪疲惫，它拖着巨大的身体沉入了深渊。时至今日，彩虹蛇已然消逝良久，但每到雨过天霁之时，它那如彩虹般的精神仍会闪现于天际。

彩虹蛇及其他造物者留下的“歌线”与“梦幻线”仍可见于连成一线的自然景色，或可见，或不可见。它们纵横交错于整个澳洲大陆之上，每一条线都有着自己独特的故事和歌声。

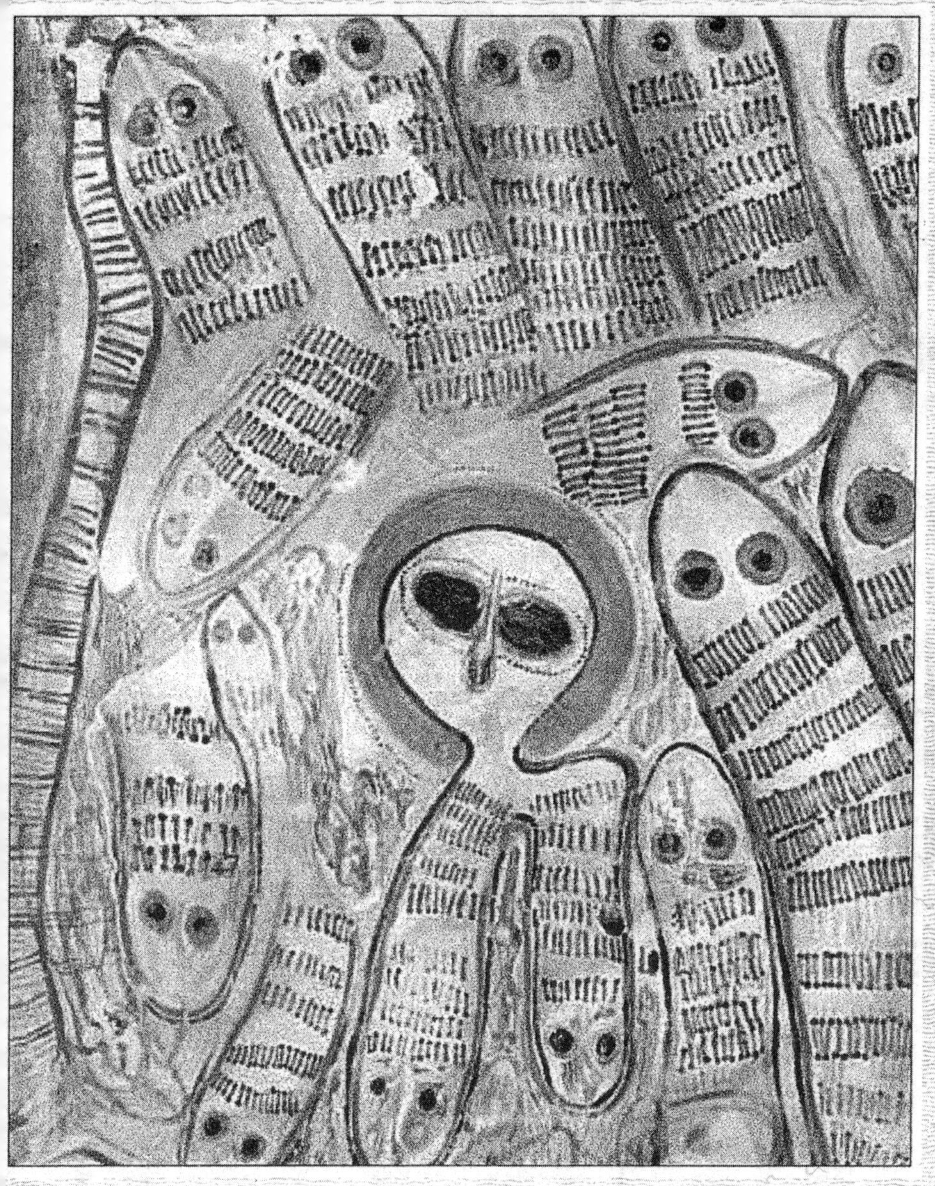

上图：一块5万年前土著居民的岩石绘画，上面一张人脸被近20条蛇围绕着

ANOTHER AGE

彼处，彼时

巨蜥与不飞之鸟

为当今多数世人所信奉的创世说都讲述了在远古时代大地被巨蜥所统治的情景。会不会有关龙的传说真的包含了某些有关地球过去的模糊记忆呢？

在印尼科莫多岛上居住着一种名叫科莫多龙的四足长尾蜥蜴，任何碰到它们的探险者都会以为他们是遇到了双足飞龙的一种（见第30页），这种误解也是难免的，科莫多龙是一种至今依然存活的恐龙，实际上不仅仅类似于蛇和蜥类的爬行动物是恐龙的后裔，就连我们日常所见的鸟类其实也是它们的后裔。

在新西兰曾有一种体形巨大、无飞行能力的鸟，名叫恐鸟（下侧左图），几百年前因毛利人的过度捕杀而灭绝。此外还有一些其他的不能飞的鸟曾经居住在北非，它们的体形甚至比鸵鸟还要大，看见它们的旅者往往会将它们当作是某种鸡蛇兽（或迅猛龙）。

我们现在知道了古代中国的药剂师会用骨头的化石入药，因为他们的后人曾引导西方化石搜集者进入相同的化石洞穴。但是他们会用雷克斯霸王龙的头骨化石来做什么呢？他们会把它当做是龙吗？

我们的祖先曾经被恐龙捕食，那么龙会不会是我们古老天敌的一种综合性的深层次象征？

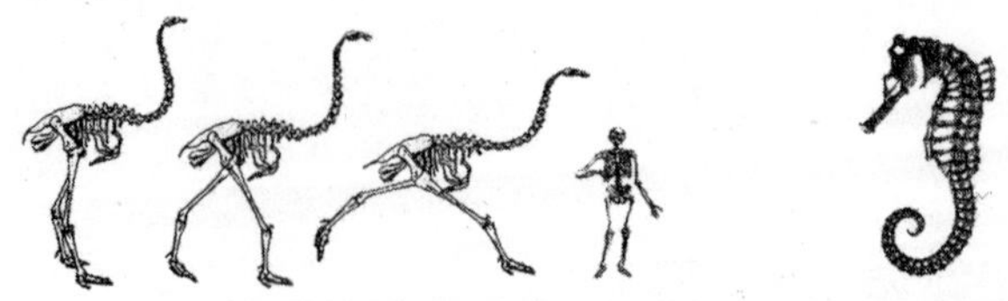

上图：巨大的恐鸟；海马，毫无疑问是幼年期的龙

上图：早在19世纪40年代，理查德·欧文爵士创造了“恐龙”一词，意味“恐怖的大蜥蜴”。完全有理由相信，世界各地发现的恐龙残骸化石，极大推动了各种文化背景下龙的传说故事的兴起

THE EARTH DRAGON 地球巨龙

身披鳞甲，口吐火焰而高高飞翔的究竟为何物？

通览全书，从中国的风水术到神秘的法国wouivre，无论是在原生灌木丛中寻找大山的龙脉还是穿过欧洲各大古老教堂寻找龙线，我们发现龙的形象一直与各种流动的能量流联系在一起。

值得一提的是，直到20世纪下半叶，直到人们成功分解原子，拼合恐龙化石，绘制出遥远的星空图的几十年之后，科学家们才终于明白了地球本身就像一条身披鳞片、口喷火焰的巨龙。今日的地理学家们可以指出地球上那巨大连绵的山脊，沿地球上各个大洋的中间线延展，并喷出大量的熔岩形成海床，随着海床两侧不断缓慢扩张，大陆板块也被挤压分开。还有一些地方，板块发生碰撞，使得海床俯冲回古老流动性大陆之下的炽热地幔中。地球的历史封存于岩石之中，也封存于气压梯度、磁极变换、晶体矿产以及水汽云气形态演变之中。也许地球就是古人所指的巨龙，而我们一直以来都生息繁衍在这巨龙的身上。

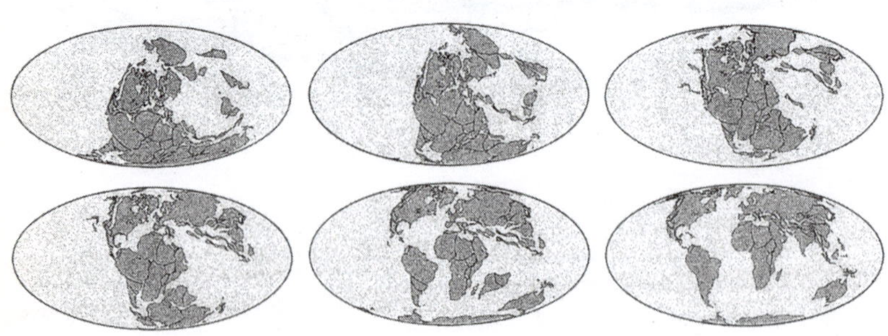

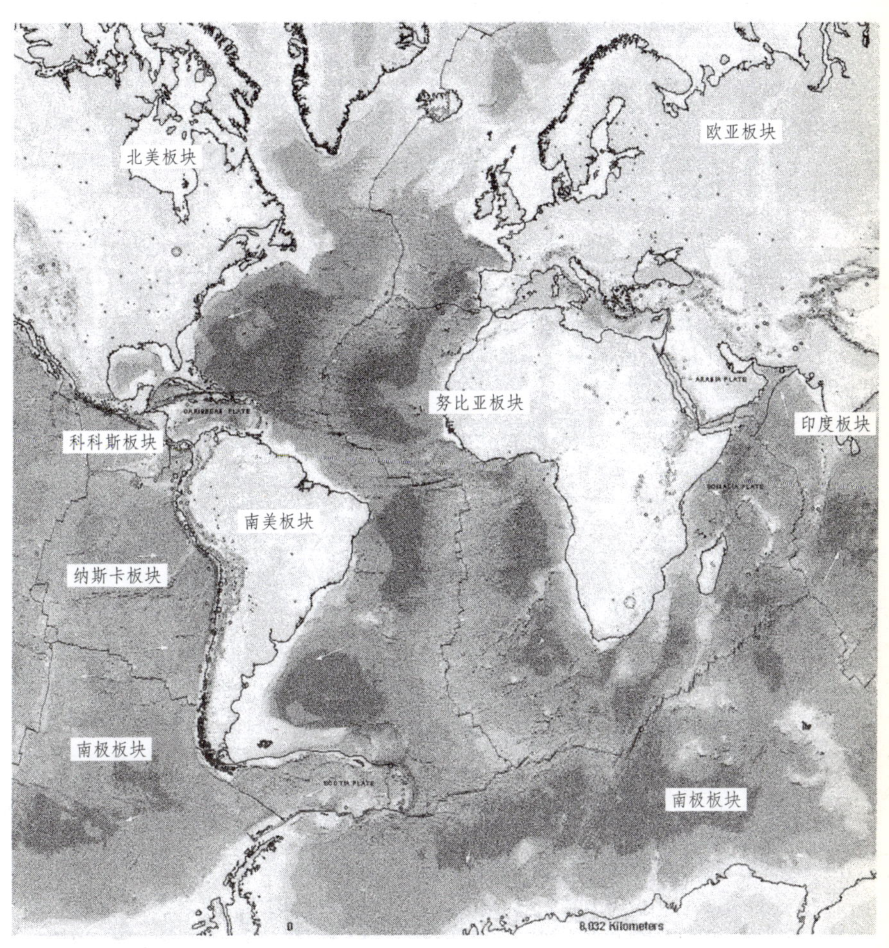

上图：美洲、欧洲以及东亚的大陆板块构造(史密森学会绘制)。地球被一层薄薄的球状炽热熔岩所裹覆，其核心温度甚至比太阳表面的温度还要高。板块不断漂移，相互挤压，使得大陆不断移动（第52页图）。火山喷出的熔岩将大量宝贵的矿物带出了地表——就像巨龙谨慎地展示着自己的财富一般

GAZETTEER OF INTERESTING DRAGON SITES
部分与龙相关的地名索引

澳大利亚：艾尔斯岩/乌卢鲁(世界最大的单体巨石)。相传很久以前在朱库尔帕，昆尼亚(无毒蛇）从乌卢鲁西边的康纳山中的一个名叫帕库-帕库水洞出发，踏上了旅途，来到了一座平缓沙丘中的水洞。它们就在这里安营扎寨，过上了一段幸福的生活。这座沙丘在创世之末变成了一块巨大的岩石。而昆尼亚们也就变成了今日的乌卢鲁。朱库尔帕讲述了蛇女昆尼亚是如何远从东方而来繁衍后代的。当蛇女在塔普提驻下时，由于她的侄女触怒了蛇男利卢（灰蛇），因此遭其围攻。在慕提朱鲁，她遇到了一群利卢战士并跳了一段祭祀舞蹈，召唤了神秘的伟大力量。为了散开这可怕的力量，昆尼亚抓起一把沙并散落在地，沙之所及都被剧毒所沾，植物都无法生长。一场大战就在昆尼亚与利卢之间展开，昆尼亚重伤了利卢的头部，希望给其致命一击，但是却被利卢又顶回了，因此昆尼亚第二次重伤了利卢，并让利卢一命呜呼。今天慕提朱鲁附近两块垂直的大石头就被看做是利卢当时受到的两次重伤留下的痕迹。

奥地利：克拉根福怪龙雕像(鳞虫)。一条鳞虫不断侵扰着当地居民的生活，并造成了很大恐慌。因此当地的公爵带着全副武装的士兵计划铲除此恶。他们将一头小公牛作为诱饵，并用一条布满钉子的锁链紧栓。鳞虫果然被锁链上的钉子刺伤，公爵和士兵一举将其置于死地。今天克拉根福市中心，内汶广场矗立着一座雄伟的怪龙雕像喷泉，纪念了这段屠龙的历史。

中国：北京龙公园的中国龙。这里可以看到很多种龙的浮雕、雕塑。特别值得一提的是，有一条画廊的圆柱上全部雕满了精美的龙饰，让人叹为观止。龙在中国备受尊崇，人们觉得触摸这些龙的雕塑会给他们带来好运。因此很多龙的雕塑都被线或栏杆围起来，不让人们触碰，以防损坏。

中国：上海宇阳花园的黑龙。在多少代的中国人心中，龙都是中国文化的重要组成部分。第一个龙雕像是在一个据说是6000年前的古墓中发现的。宇阳花园的墙上蜿蜒着一条黑龙雕塑。每一条中国龙都有一种对应的功能，黑龙也不例外，它象征着守护神，也是贵族官僚的守护神。

埃及：底比斯/卡纳克国王谷塞提一世之墓的迈罕。根据古埃及人的信仰，坟墓的内壁上以及埃及亡灵书的纸莎草上都会有蛇的图案。它们以不同的形态出现，有的有腿，有的雄性的蛇有胡子，雌性的蛇则有翅膀，并且它们都有善恶两面性。与冥界有关的两条蛇分别是阿普泼与迈罕。在塞提一世的墓中，有一幅浮雕展示了“死去的太阳”穿过冥界经历了一场夜的旅行，迈罕一直盘旋在其上方保护它，直到黎明的到来。

英格兰：霍舍姆苏塞克斯圣里奥纳森林的龙。圣里奥纳森林有很多古老的参天大树，还有小池塘。相传当年圣里奥纳与龙搏斗时流下的鲜血流经之处开出了今日百合谷的花朵，同时，百合谷也象征着耶稣降临。

英格兰：彭肖达拉谟的兰伯顿鳞虫。威尔河畔的北迪克鳞虫山常有鳞虫盘旋，根据“长啊长”的传说，鳞虫在这里会度过成长变形的岁月。

英格兰：摩的福郡、赫里福郡和伍斯特的摩的福龙。这条龙被一个名叫加斯顿的恶棍杀死，当摩的福龙蜿蜒着爬向勒格河时，加斯顿用一根一头带尖钉的铁棍猛击了它，并令其反抗，最终这根带尖钉的铁棍将摩的福龙刺穿成了数截。当地教堂曾有一幅讲述这个故事的壁画，但是不幸在1810年被毁坏。

英格兰：纽宁顿约克郡的洛世山之龙。彼得·洛世穿着一件外面覆满了刀片的盔甲杀死了洛世山之龙，当龙扑向他时，被盔甲上的刀片切成数块，但是彼得和他的爱犬碰到龙血之后也不幸死去。当年这场恶战发生的地方如今被称为洛世山，在诺宁顿教堂葬着一位骑士，他踏在一头狮子或是一条狗上的脚已经被损坏，由于年代久远，墓主身份已经无法得知。

英格兰：威弗利约克郡的威弗利之龙。17世纪的一则民谣讲述了威弗利之龙命运的故事。传说这条龙有44个尖利的铁牙，长长的爪子，带刺的尾巴以及一双锋利的长翅。这条龙住在罗瑟勒姆附近的约克郡，附近的老百姓都希望摩尔霍尔的摩尔可以铲除这一恶。他们以一名16岁的美丽少女为交换，摩尔答应一战，他全副武装带着传统长枪，与龙激战了两天两夜。最终他击中了龙的要害，让其毙命。这则民谣发生的地方叫做瓦尔克里夫洛奇，俗名称威弗利，离一个叫沃特利的小村庄不远。摩尔盔甲外面也画着一条绿色的龙。

法国：普瓦捷附近的鲁兹格南的美人鱼。鲁兹格南堡垒建于公元10世纪，是德贝利公爵家族黄金时代的象征。传说公爵夫人美人鱼鲁兹格南在其真实身份被发现之前一直居住在这里。今天这个堡垒只剩下了一段地下走道、小水库以及楼梯。Wouivre这个保护神在瑞士与德国也广为人知。

法国：鲁昂大教堂广场的石像龙。石像龙可以在塞纳河河面上引起龙卷风并摧毁附近的村庄。恶龙的罪行激怒了鲁昂的大主教，主教最终战胜了这条龙，并在大广场上对其处以火刑。圣罗曼的雕塑展示了他将龙踩在脚下的样子，他的圣衣裹在恶龙又称石像鬼的躯体之上。石像鬼一词正是来源于这条恶龙的名字，通常它的雕塑形象都是生猛可怕的怪兽，立于建筑物外墙上，这种建筑构造可以引走外墙上的滴水。

德国：乌尔姆大教堂的莉莉丝(draconiopides)。乌尔姆教堂有一块彩绘玻璃，上面讲述了亚当夏娃受到莉莉丝诱惑偷食禁果的故事。莉莉丝通常被描绘为人头蛇身的形象。还有一些情况下，它们以完全蛇身的形象或人头蜥蜴身的形象出现。在基督教肖像学中，这种女神与蛇的结合被认为是邪恶的象征。莉莉丝还有伊希斯(同样也是人面蛇身)都代表了男性为主的犹太教之前对于女性神祇的崇拜。

希腊：德尔菲帕纳塞斯山的巨

蟒。帕纳塞斯山的圣地包括了大殿、剧场以及阿波罗神庙。根据地中海的宗教信仰和荷马圣音描述，盖亚（大地之母和神谕之神）也是一位蛇身的女神，是一条住在泉水边的龙。天后赫拉派其子巨蟒看护她。巨蟒的形象通常是，缠绕在三脚架上，一边站着女预言家，在神庙中预言着未来。阿波罗最终毁灭了象征着女神智慧的巨蟒，并抓住了先知。基督教中大天使圣米迦勒也毁灭过龙，这与阿波罗屠龙也有某些联系。

印度：迈索尔默哈伯力布勒姆恒河血脉的那迦。恒河血脉是一幅巨大的浮雕，上面所有的形象都有活生生的大象那么大。展示了一系列的那迦，那迦与纳吉尼（雌性那迦）重叠在一起，它们都被描绘为半人的形态，脸上带着安详的表情，从脑后生出蛇身与蜿蜒的蛇尾。

伊拉克：巴比伦伊什塔尔城门的木塞苏，这曾经是通往巴比伦的途径。古巴比伦王尼布甲尼撒二世认为这条路可以伴人升入主神马杜克的光辉之中："我在入口放置了不少傲气的公牛与愤怒的龙，我用这种途径装饰大门从而获得人们的敬畏。"在其中一面雕满这些精致装饰的墙上，有一条火红色长有犄角形似狗的龙，木塞苏，这是马杜克神的象征。马杜克因杀死恶龙提亚玛特而著名。

爱尔兰：盖尔特山木斯克利湖的洛克–贝尔–达拉肯龙。据说有一头启示录中的恶兽住在洛克–贝尔–达拉肯，此地名字意为"龙口中的湖"，与耶稣基督的第二次降临有一些联系，据说将带来世界末日，而这条龙正是末日的象征，还有传说它是施洗约翰的死敌，因此它与圣约翰节也有着某些联系。这头怪兽的嘴巴在众多的动物寓言集与宗教弥撒书中都被提及描述过。普遍认为此口为地狱的入口。而这头怪兽则是一头半鲑半蛇状的喷火龙。

意大利：佛里城第一位大主教，名叫墨丘利·亚里斯，据说他杀死了一条恶龙，拯救了佛里城，因此他经常被描绘成正在屠龙的样子。

意大利：威尼斯的第一位守护圣徒是圣西奥多泰罗，他是一位屠龙勇士。今日在圣马可广场，在两根高栏的顶端还有描述着他屠龙样子的雕塑。

意大利：罗马台伯河墨丘利节仗之蛇。流经罗马的台伯河中仅有的一个小岛正是罗马唯一一所医院的所在地，它是希腊神话中医术之神阿斯克勒庇俄斯神庙。在一个古老的故事中，罗马被一场瘟疫肆虐，先知建议统治者埃皮达鲁斯请来阿斯克勒庇俄斯阻止瘟疫的扩散。当元老院的议员们到达希腊时，一条蛇出现了，它来到船上并与他们一起返回罗马，此后一直居住在这个岛上，同时也在那里建起了一所医院。阿斯克勒庇俄斯总是被描述成被一些东西包围着一条蛇盘旋在四周的样子。虽然今天这座医院已经不复存在，但人们还是可以看见这座小岛。

日本：相国寺咆哮之龙。京都相国寺的一处天花板上有一条令人难忘的神秘龙雕塑。这条巨大威猛的龙在天花板上向下俯视着。据说这条龙有众多神力，当来到相国寺的人们一起拍手时，龙就会发出咆哮声。因此，很久以来它被称为相国寺的“咆哮之龙”，由于天花板经过特殊设计可以反射回音，使得人们听起来感觉就像是龙在咆哮。人们的拍手声在两大块平行的木板之间(木板与天花板）来回反射，由于这个过程很快，因此会产生连续不停的击掌回声，产生的声波听起来就像咆哮声。

日本：栃木县日光东照宫的中国龙。在德川幕府日光东照宫的门廊上，有着很多的雕塑与浮雕，在它们当中，最显眼的是三条典型的中国龙类型的龙，蜿蜒曲折，有角无翼。还有一些小龙以圈状浮雕的形式被雕刻在门廊屋檐与门上。

黎巴嫩：约帕的刻托（或称海怪塞特斯）。刻托是一只海怪，因为卡西欧庇娅王后称自己的女儿比海的女神涅瑞伊得斯更美，为了惩罚她的傲慢，刻托被波塞冬派去毁灭埃塞俄比亚。为了平息海神们的怒火，这个可怜的女孩被绑在岩石上，作为献给恶龙刻托的祭品。正逢此时，珀修斯提着美杜莎的头颅飞过此地，他观察着女孩，降落下来，杀了恶龙并娶女孩为妻。珀修斯将怪兽变成了一块石头，古代游客认为就在黎巴嫩约帕镇附近。海怪、珀修斯、安德洛墨达以及她的父母科普斯国王与卡西欧庇娅王后都被置于天空，各自都成了一个星座。

墨西哥：尤卡坦半岛奇琴伊察的

羽蛇神。羽蛇神是哥伦布发现美洲大陆之前，墨西哥的土著神灵。当晨星出现在地平线之时，羽蛇神就会在一条蛇的下颌中缓缓升出。这位蛇身的神祇代表着理性思维与智慧，蛇身之外包裹着一层绿咬鹃的羽毛。奇琴伊察的精妙复杂之处包括了众多的精美的羽蛇雕塑。勇士之庙中也有很多刻画着羽蛇的大柱（这里的羽蛇通常有响尾蛇的尾巴），具有四面的卡斯蒂略金字塔也极为有趣。在春分秋分时，阳光在平台上投下的阴影恰似一条蜿蜒在金字塔梯级上的托尔特克羽蛇。

挪威：霍格雷斯塔德史蒂夫教堂的法夫尼尔。这座教堂里有三组圆盘，上面描绘了为屠龙所作的准备，以及黄金守护者法夫尼尔之死。法夫尼尔原本是一个人类，但是由于对黄金的过度着迷，最终变成了一条龙（众所周知龙是财宝的守护者）。西格德为自己打制了一柄利剑，然后藏身在龙穴的一处隐秘的缝隙中，然后突袭了法夫尼尔并以数剑刺死了这头野兽。顶部的圆盘刻画了屠龙的场景，下面的两个圆盘则展示了这把屠龙利剑的打制过程。

波兰：克拉科夫的斯莫克瓦维尔斯基。瓦维尔山的龙住在维斯瓦河岸上的一处洞穴，对克拉科夫构成了巨大的威胁。据传说，这条龙被一个男孩所杀，男孩用羊皮装满了硫黄和焦油，当龙闻到了这个味道觉得非常口渴于是开始寻找水，在喝下大量的水之后，龙终于爆炸而死。今天，在克拉科夫还可以看到瓦维尔龙的一尊金属雕像，每隔几分钟就会喷出火焰。一则有关斯莫克瓦维尔斯基的传说发生在克拉科夫国王统治时期，克拉科夫国王是这座城市的传奇缔造者。每天，邪恶的巨龙都会在乡间留下一条条毁灭之路，杀死众多居民，洗劫他们的家园，吞噬牲畜。在这个传说的众多版本中，这条龙尤其爱吃年轻的女孩，只有当镇子上的居民每个月献上一名年轻的女孩在其洞穴口处，恶龙才能稍稍平息一阵。国王非常想结果了恶龙的性命，但他手下最英勇的骑士都葬身在了恶龙喷出的火焰中。

在其中有一个版本的传说中，除了国王的女儿婉达，城市中的年轻女孩都已经牺牲了。绝望之下，国王下诏，如果谁能杀死恶龙，他就将女儿许配于他。远近各地有众多的勇士都为了嘉奖荣誉前来应战，但是都失败了。终于有一天，一位名叫斯库巴·达拉特卡的穷鞋匠学徒接受了这个挑战。他将硫黄塞满了整张羊皮，放在恶龙洞穴门口。龙吞下之后觉得异常口渴，于是奔向了维斯瓦河不断饮水，但是水也无法缓解恶龙肚中的难耐，终于在喝下了半条维斯瓦河的河水后，恶龙爆炸了。达拉特卡也与公主喜结连理，从此幸福地生活在了一起。

罗马尼亚：奇西奥拉波赛提-玛格拉斯村的地狱之门。这里教堂的一幅壁画上描绘了一条恶魔造型的恶龙，象征着地狱之门。它张开大口，吞噬着被拒之于天堂门外的罪孽之人。这是基督教中常见的一则描述，其他宗教中也有不少类似的情形。

苏格兰：达尔赖敦夫里斯郡与加洛韦的白龙。加洛韦的领主下诏有谁能杀死达尔赖的白龙就能获得重赏，这条巨龙常年盘旋在莫特山，专吃尸体。最终一个铁匠获得了这笔奖赏，他打制了一件布满尖刺的盔甲，当龙试图吞下他时被刺死。这些尖刺将恶龙扎得千疮百孔，接连三天肯恩河的河水都被龙血染得鲜红。

苏格兰：林顿罗克斯堡郡的维尔米斯顿双足飞龙。这条双足飞龙被诺曼·索默维尔所杀，这位拉瑞斯顿的领主用一根顶端被焦油烧得通红的长矛刺穿了飞龙的喉咙。同样的方式，也被用来猎杀科诺克-纳-科诺米飞龙。死去的飞龙盘在沃尔明顿山，在这座山上留下了蜿蜒曲折的痕迹。索默维尔成了林顿的男爵，最后将爵位传给了法尔科内。林顿教堂中有一幅雕刻，描绘了一位带着猎鹰与龙搏杀的勇士。

苏格兰：斯特拉斯马丁的科尔克顿安格斯。在诱人九少女的传说中，马丁之石就是马丁屠龙之处，在九位妙龄少女前去皮特普顿水井的路上，她们被恶龙吞食，之后恶龙出现在巴尔德拉根森林北边的田野上。

濒死的恶龙吐出如下字句：“我在皮特普顿被诱惑，在巴尔德拉根被发现，在斯特莱克马丁受到重创，最终死在马丁斯塔恩。"

这些都是附近区域的地名。九少女的水井后来干枯被填满再也找不到了。

斯洛文尼亚：卢布尔雅那的龙桥。卢布尔雅那的这座桥离旧城区只要步行几分钟。这座龙桥的历史要追溯到1901年，当时斯洛文尼亚还属于奥匈帝国，这座桥被叫做"法兰兹约瑟夫一世朱比利大桥"。后来政治疆域出现改变，于是这座大桥的原名也逐渐被世人忘却，但是龙的形象却依旧存在：拥有四只利爪的龙。龙是卢布尔雅那的官方标识，来源于一则神话传说，故事中杰森（杰森之子与阿尔戈勇士们）杀死了恐怖的卢布尔雅那之龙。今日这条龙却祥和地守护了这座城市，一般在图画中以身披盔甲的形象出现。

西班牙：阿拉贡的龙山。传说哈卡附近的佩纳乌瑞尔山住着一条龙。这头恐怖的野兽可以用目光迷惑人，因此一位试图杀死恶龙的年轻人带着一块亮闪闪的盾牌前去迎战，龙的目光遇到盾牌又被反射回去，最终迷惑了自己一命呜呼（与希腊神话中美杜莎的故事有类似）。

瑞士：琉森的皮拉图斯龙。中世纪时人们普遍认为龙具有治愈的力量，它们住在皮拉图斯山上陡峭的岩缝中。今天，在琉森山上，人们还会偶尔遇到皮鲁，这是一种友好的皮拉图斯-巴哈嫩龙，是传说中皮拉图斯龙的一支远亲。1421年的夏季，一条威力凶猛的龙飞到了皮拉图斯山，并在离一个农夫（名叫斯坦普福林）很近的地方停下来。当农夫过来时，他发现了一个凝固了的血块与龙石，此物的治愈功效在1509年得到了官方的正式认可。皮特楠·艾塔林的传奇故事讲述了地区管理者温克尔里德杀死一条皮拉图斯龙的故事：他用带刺的纸条包裹了一根长矛，并将其扔进了恶龙大张的口中，接着用一把利剑结果了它。在此过程中，有毒的龙血溅到了温克尔里德的手上，龙血和濒死的龙吐出的剧毒气息冻结住了他血管里的血液，因此他也很快死去。1499年5月26日的清晨，琉森出现了一个奇观：在可怕的暴风雨之后，一条巨大的无翼龙从罗伊斯河施普罗伊尔桥附近奔流的水面上腾空而起。这条巨龙可能是受暴风雨的惊扰才出现，它被猛烈的暴风雨从皮拉图斯山冲到了积雪教堂下的罗伊斯河中。不少有身份，受过教育的小镇名人都肯定了这个故事的真实性。

柬埔寨：吴哥窟的那迦。吴哥窟及周围区域被一条巨大的护城河包围，在其西边有一条很长的堤道穿过。在堤道尽头有一个台阶很多的梯级，值得一提的是它的栏杆一头都饰有那迦的雕塑。这些那迦不像印度的那样，它们没有人类的特点，而完全是蛇的形象。每条多头蛇蜿蜒跃动的造型为这些栏杆带来了夸张的装饰效果。

美国：伊利诺州阿尔顿北部的密西西比河东岸的皮艾萨。1673年在阿尔顿附近发现了一幅皮艾萨古代石壁画，以及一些阿尔冈琴的印第安岩画草图。1675年有关这些生物的原始描述是这样的："有小牛那么大，头上生有鹿角一般的犄角，眼睛是可怕的血红色，生有和老虎一般的胡须，脸部像人脸，全身都覆盖着厚厚的鳞片，长长的尾巴可以从头部到腿部缠住整个身体，其末端类似鱼尾的形状。"古老的壁画慢慢地褪色消失，但是阿尔顿的居民们仍然不懈地重新描绘着这些壁画，尽管如此直到今天却只有一幅被保存下来。1983年，一幅钢铁制的皮艾萨被展出，在美国印第安伊利尼语中，它的名字意为"吞食人类的鸟"，它的头上有锋利的犄角，生有四足与一对双翼。这种龙在未来是否还能保持原来的造型我们不得而知，但是这种皮艾萨被认为是类似于中国龙的一种。

美国：俄亥俄亚当斯县的蛇堆，本土美洲蛇。俄亥俄州的这个巨大的蛇堆大得令人震撼，足有382米长，平均6米宽。这座蛇堆随着地势的起伏蜿蜒，张开的大口准备随时吞下一枚巨蛋，尾部曲曲折折就像迷宫一般。这座了不起的蛇堆见证了2000年前美洲印第安人高超的石堆建造技艺。

美国：俄勒冈州南部喀斯喀特山火山湖（怪兽湖）。火山湖美丽而神秘，1853年之前只被北美的印第安人所知道，他们认为此湖非常神圣，任何胆敢看湖的人都会死去。还有一些传说认为在深深的湖底，有一些巨大的生物生存着。最近的目击者阿尔巴尼夫人回忆说到，当她还是个孩子的时候曾经与朋友在湖面泛舟，一个长且巨大的东西就从下面游过去了。她说："它看起来就像是龙，我现在明白为什么印第安人叫这个地方为迷失之湖了。他们说有怪兽住在里面，我相信他们说的。”

美国：密西西比河的犄角蛇。密西西比河漫长的河岸上有一座神庙，还有很多坟堆，其中夹杂了不少带羽毛或是长犄角的蛇的雕像。这些都娓娓讲述了一个古老的印第安夏安族传说，曾经有两位年轻人想去远方看看世界。其中一个人找到了两个巨大的蛋并吃了下去，不久以后他变成了一条蛇，在朋友的帮助下，他被拉到了密西西比河的河岸边。第二天早晨，这位朋友看到一条长有双角，浑身蓝色皮肤的蛇从水中出现。巨蛇说：“我的朋友，从现在起，我将一直卧在这里，就在河床的中央，我的身体伸开足有密西西比河这么长。”直到今天，它依旧这样卧在密西西比河底。

威尔士：温斯顿彭布罗克郡的温斯顿鸡蛇兽。几个世纪前，有好几个人想得到盖伊斯城堡，也就是今天的温斯顿城堡。经过协商，他们决定，如果有任何一个人发现生活在城堡附近的河岸洞穴中的多眼鸡蛇兽，并且不被鸡蛇兽发现，那么他就可以获得城堡。一个叫威利的人制定了计划，他藏身于一个木桶中，当木桶从山上滚下，经过鸡蛇兽的洞穴时，他从桶孔中窥见了鸡蛇兽。这个计谋帮威利获得了城堡。

APPENDIX—CHINESE DRAGONS
附录—中国龙

九种古典龙的种类：

（中国龙一般被认为是雄性的，或者说“阳性”，一般是仁慈、神圣与吉祥的象征）。

天龙，天上的龙。

神龙，灵性之龙。

府藏龙，秘宝之龙。

地龙，大地之龙。

应龙，有翅膀的龙。

角龙，有角的龙。

蟠龙，盘旋环绕的龙。

黄龙，黄色的龙，从洛河升出，教会了伏羲书写。

龙王：每条各代表四方中的一方。

龙的幼子：

（一般认为龙有九子，除此之外还有一些在建筑或纪念碑上被发现的不知名的龙。）

霸下，也被称作赑屃，是龙的大儿子。形似一只巨大的乌龟，代表了大地与土元素，力量雄厚，一般可以在大型纪念碑的石座上看到此类雕刻。

鸱吻（在日本是凤凰朱雀），龙的第二子，有千里眼，通常装饰在建筑物屋顶的檐角上。有时它们被称为朝凤，是一种可以吞噬山脉的野兽，掌管雨水，保护人们的家园免受火灾侵扰。

蒲牢（在日本是青龙），龙的第三子，体貌比龙略小，蓝色。代表着风元素与水元素，喜于音律与鸣叫。

狴犴（在日本是白虎），龙的第四子，形似白虎，拥有无上的力量，能辨善恶，所以经常在法堂和狱门上发现它们的身影。狴犴也代表着金元素。

饕餮，龙的第五子，性贪食，可以在与食物有关的物品上看到它们。在其他有关龙生九子的版本中，饕餮有时会被囚牛替代。囚牛喜好音律，常被装饰在弦乐乐器上。有时还会被负屃替代。负屃爱好文学，盘绕在石碑头顶或两侧。

蚣蝮，龙的第六子，喜水。桥上可常见其龙头雕塑。

睚眦，龙的第七子，嗜杀喜斗，刻镂于刀环、剑柄等兵器或仪仗上起威慑之用。

狻猊，龙的第八子，形似一头出现在烟火中的狮子。它一般作为看守立于大门之前，或出现在香炉上。

椒图，龙最小的儿子，形似螺蚌，性沉默好静。一般会出现在庭院前门、门锁或门阶上。

还有另外两种次级的龙（在中国龙中较为罕见），属于无角龙的种类，它们是蛟与螭。蛟是一种母龙，而螭则是一种黄色的蛟。

Bench End from Crowcombe Church, UK.

图书在版编目（CIP）数据

龙图腾 ：力量的崇拜之源 /（美）乔伊斯·哈格里弗著 ；张慧译. -- 长沙 ：湖南科学技术出版社, 2017.8
（科学之美）
ISBN 978-7-5357-9292-1

Ⅰ. ①龙… Ⅱ. ①乔… ②张… Ⅲ. ①龙－文化研究 Ⅳ. ①B933

中国版本图书馆 CIP 数据核字(2017)第 128212 号

科学天下 科学之美
LONGTUTENG LILIANG DE CHONGBAI ZHIYUAN
龙图腾 力量的崇拜之源
著　　者：乔伊斯·哈格里弗(美)
译　　者：张　慧
责任编辑：孙桂均　李　媛　刘　英
出版发行：湖南科学技术出版社
社　　址：长沙市湘雅路 276 号
　　　　　http://www.hnstp.com
邮购联系：本社直销科　0731-84375808
印　　刷：长沙超峰印刷有限公司
　　　　　（印装质量问题请直接与本厂联系）
厂　　址：长沙市金洲新区泉洲北路 100 号
邮　　编：410600
版　　次：2017 年 8 月第 1 版第 1 次
开　　本：787mm×1092mm　1/24
印　　张：3.25
字　　数：59000
书　　号：ISBN 978-7-5357-9292-1
定　　价：18.00 元